A l'homme que j'aime,
A la femme que j'aimerais être dans la perfection et l'absolu,
A notre histoire d'amour,
A ceux qui nous soutiennent et qui se reconnaîtront,
A nous...

Parce que l'amour peut surgir à n'importe quel endroit,
Que l'on peut aimer de la plus magique des façons,
Que je suis émerveillée chaque jour de la personne que tu es,
Et que le bonheur peut rimer avec simplicité.
Tout ça je l'ai trouvé en toi.

Chapitre 1

L'histoire se passe à Paris, sous la grisaille de la Capitale.
Un attaché caisse à la main.

Alexandre n'aurait jamais cru élire domicile ici.

Pourtant , avec le soutien de sa femme, Alex avait saisi l'opportunité de travailler dans un cabinet d'avocats parisien renommé, et il avait posé ses bagages sur le sol de la capitale.
Sa brillante carrière n'avait depuis plus rien à envier à personne.

Il faisait partie de ceux qui, on pouvait le dire, avaient réussi leurs vies.

Marié, deux enfants, un superbe appartement dans le 16 ème arrondissement, un poste convoité. En somme, tout pour être heureux. Pourtant la vie ne l'avait pas épargné et lui s'était laissé toucher par la vie.

Les femmes avaient eu raison de lui. Elles l'avaient manipulé, torturé, laissé KO sur le ring de la vie.

Il avait tout donné à son premier amour, et cette dernière le laissa sans un mot un dimanche du mois de mai, avec sa peine et tout l'amour qu'il avait pour elle.

Il rencontra quelques années plus tard celle qui deviendrait sa femme, et la routine s'installa vite entre eux, mais leur quotidien le rassura très vite, il s'imaginait enfin être à l'abri des méandres de l'amour.

Et puis il y eut Elle.
Une dénommée Lola.
Un prénom si court pour une personne si longue à oublier.
En fait, en réalité, il n'y était jamais parvenu.

Il sortait alors d'une longue journée de travail et rejoignit d'un pas rapide la première bouche de métro.

Il passa devant la librairie du quartier et s'arrêta net. Il n'en revenait pas.

Le nom de celle qu'il n'avait jamais oublié était écrit en toutes lettres sur la couverture d'un livre, présenté en vitrine.
Cette vision le transperça comme un coup de poignard et le ramena dix ans en arrière. Son parfum lui revint au nez,

le goût de sa peau, le je t'aime qu'elle refusait de lui dire mais que ses yeux avaient crié. La librairie était encore ouverte, il poussa la porte et se dirigea vers le rayon des romans du moment.

Il prit le livre entre ses mains, délicatement, sentit sous ses doigts les reliefs de la couverture.

Il avait l'impression de renouer avec elle.

Mais ce n'est qu'en lisant la quatrième de couverture qu'il se sentit défaillir. « Alex pouvait souffler dans mon cou ou être à des kilomètres, je savais qu'il ne pouvait quitter mes pensées .Et l'imaginer avec elle m'était insupportable. Il m'avait marqué à vie. »

Sans le moindre doute, elle parlait bien de lui.

Il n'arrivait pas à y croire. Elle avait tellement compté à ses yeux, elle l'avait renversé, et puis un jour elle s'était enfuie.

Il referma le livre et se dirigea vers la caisse, paya sa trouvaille et sortit.

Il fallait absolument qu'il le lise ce soir. Mais comment s'isoler alors que sa femme et ses enfants étaient à la maison?
Il fallait qu'il appelle Jeremy, son meilleur ami.
Jeremy avait fait fortune dans l'automobile, il avait un trois pièces magnifique rue Vaugirard, Alex avait toujours un double des clés sur lui. Leur amitié n'était plus à prouver.

Il composa le numéro :

« Je?
- Salut Alex, ça va?
- Oui. Enfin, si on veut. Tu n'es pas à Vaugirard en ce moment?
- Non je suis à Nice avec Audrey. Pourquoi?
- J'aurai besoin d'y passer la nuit ce soir.
- Tu fais comme chez toi vieux frère, mais ça va pas avec ta femme?
- Si, si, ça se passe tranquille, mais Elle est revenue.
- Qui ça?!
- Tu sais bien....Lola...
- ...Non?!

- Bref je t'expliquerai quand j'aurai moi même compris. Merci en tous cas. A plus, bonne soirée mon pote. »

Et il coupa la communication.

Il appela ensuite son épouse, prétextant une soirée de dernière minute avec un ami, qu'il ne rentrerait certainement pas ce soir. Sa femme avait longtemps lutté contre ses escapades nocturnes, et puis elle avait compris combien son mari était un époux exemplaire, elle croyait en sa fidélité, alors elle voulait le laisser un peu se retrouver.

Il monta dans un taxi, donna l'adresse de l'appartement de Jeremy.

Arrivé dans l'appartement, il alluma le chauffage, prit place sur un des fauteuils du salon et se précipita sur le livre, tel un enfant découvrant sa surprise.

Il y avait une phrase « hommage » sur la première page du roman :

« A toi, qui fut aussi le tourbillon de ma vie. »

Il n'arrivait pas à se faire à l'idée qu'il avait pu être une source d'inspiration pour elle.

Il passa directement au premier chapitre avec une peur de découvrir un portrait de lui peu glorieux mais aussi l'excitation de la retrouver à travers ses écrits et de comprendre enfin les sentiments qu'elle lui portait à l'époque.

Chapitre 2

Il parcourait les pages à une vitesse folle.

Il arriva au passage où elle décrivit leur rencontre :

« La première fois qu'il la vit, il remarquera qu'elle était discrète et coquette, mais il retenu surtout sa beauté et la douceur de ses traits. Et puis il remarqua son petit nez, qu'il trouva très mignon.
Ils s'étaient parlés sur un malentendu, un peu sur le coup de hasard, et ils s'étaient servis de cette opportunité pour nouer des liens.
Beaucoup de collègues de travail tournaient autour de Lola, chacun y allait de son compliment, certains allaient même jusqu'à lui offrir le café des son arrivée, espérant que son regard change un jour sur eux.

Alexandre ne supportait pas tous ces vautours qui tournaient autour d'elle, mais il ne s'avouait pas jaloux car il était en couple.
Sa copine, rencontrée par le biais d'un

groupe d'amis, était très possessive et ne supportait pas que les yeux d'Alex se posent sur une autre femme.

Tous les matins, Lola rejoignait son bureau en passant devant celui d'Alexandre.
Sa démarche était légère et un peu gênée, comme si elle n'assumait pas son corps.
Elle était pourtant d'une grande beauté, mince, des formes féminines, un visage angélique.
Mais quand le regard d'Alex se posait sur elle, elle devenait maladroite, elle se sentait fébrile.

Cela n'empêcha en rien les deux protagonistes d'apprendre à se connaître et de partager des moments en tête à tête chaque jour.
Le matin elle faisait exprès d'arriver à la même heure que lui, lui espérait être seul dans l'ascenseur avec elle pendant quelques secondes, pouvoir la sentir proche de lui, et pour humer l'odeur de noix de coco qui se dégageait de sa longue chevelure. »

Chapitre 3

Lola détaillait chaque passage de leur histoire, du premier baiser à leurs moments intimes.

Ainsi :

« Elle savait sans l'avoir vécu auparavant que l'on pouvait aimer en étant dépassé par ses sentiments.
Elle regardait son corps endormi, on pouvait sentir à travers sa posture la force de ses mains, elle s'imaginait le quitter juste pour le faire réagir.

Il l aurait alors empoigné et tiré vers lui, elle se serait sentie toute fragile dans ses immenses bras, elle aurait fait mine de vouloir s'enfuir juste pour qu'il jette ses lèvres sur ses lèvres, et qu'il lui fasse l'amour.
Tout est tactique dans le jeu d'une femme, mais cela ne trahit en rien l'amour pur qui vit en elle.
 »Oui c'est vrai, lui dit elle, nous passons notre temps à tester, faire semblant de, bouder, dissimuler, contourner juste parce que l'intention de l'homme qu'on aime nous est

indispensable.
Si vous détournez un seul instant le regard de nous, on s'imagine déjà le pire.
On veut être le centre de vos attentions, le centre de vos vies, comme vous vous l'êtes pour nous.
Pourquoi sommes nous si différents dans notre manière d'aimer? »

Chapitre 4

Il était près de minuit, et Alex dévorait les pages. Il se rendit compte qu'il connaissait un peu l'envers du décor de leur histoire passée, il la revivait à travers les pensées de Lola.

Elle avait bien sûr énumérée une de leurs nombreuses disputes. Car Alex avait accepté que leur histoire soit bien plus qu'une histoire d'adultère, mais il n'avait pas trouvé le courage en lui pour avancer et sauter le pas.

« Un des soirs où elle pouvait enfin se rêver à l'oubli, alors qu'en fait elle ne pensait qu'à lui, entourée de ses amis, elle vit son prénom s'afficher sur son téléphone.

Se forçant à garder la face devant les autres, elle lut discrètement :
« Je suis libre pour un mois. Si tu changes d'avis. »
Son insolence dans ses mots la braqua. Et en même temps qu'elle grommelait intérieurement, elle pensait déjà à ce que serait leur été dans les bras l'un de

l'autre.
Elle se ressaisit, entama une réponse et puis se ravisa, effaça les mots sur le clavier, et reposa son téléphone.
Son rire ne trahissait en rien sa contrariété, mais son regard était ailleurs.
Elle lui en voulait chaque fois de la mettre en porte à faux, de lui remettre le problème entre ses mains, de la laisser décider de continuer ou d'arrêter.
Elle ne voulait pas être fautive de ce qui pourrait se passer ou ne pas se passer, elle voulait que lui soit ferme dans ses choix et qu'il ne se repose pas sur elle.
Elle ne voulait que subir, qu'être victime et ne pouvoir rien contrôler.
Ce serait tellement plus facile de l'oublier.
Rien que pour ça elle avait envie de l'envoyer balader.
Elle se vit saisir son téléphone et la petite voix douce dans sa tête s'écria « NON!Sois forte et laisse le dans le vague! »
Pour une fois elle décida de s'écouter.

Pendant ce temps, de l'autre côté de son

mobile, se tendait l'homme qui l'a faisait vibrer, celui plein de doutes mais surtout plein d'envie, de la découvrir et la serrer si fort.

l tourna comme un lion en cage dans son appartement, fit défiler les chaînes sans prendre le temps de regarder quel programme apparaissait, et son regard était sans cesse porté sur son téléphone, il attendait qu'elle daigne bien lui répondre.

Chaque minute passée il l'a maudissait et puis la seconde d'après la réclamait.

Seule elle pouvait apaiser ses angoisses et ses peurs, il avait pris conscience que RIEN d'autre au monde qu'elle ne pourrait le consoler... d'elle tout simplement.

Soigner le mal par le mal, telle était sa devise dorénavant.

Alex avait appris à vivre avec son mensonge, chaque sourire et chaque geste banal du quotidien qu'il faisait le ramenait à penser qu'il était un menteur.

Même lorsqu'il faisait une bonne action, il savait qu'elle était entachée parce qu'il mentait.

Malgré son physique d'Apollon, il n'avait jamais pris confiance en lui, même les compliments généreux de Lola ne le faisait prendre conscience du potentiel qu'il avait.

Depuis leur rencontre et le début de leur relation, il eut d'autant plus une piètre opinion de lui même, car tous ses principes jusqu'alors respectés furent anéantis.

Le numéro de Lola apparut soudain sur l'écran.

« J'ai changé d'avis. »

Chapitre 5

Alex revivait chaque scène de leur histoire, et il ne put s'empêcher d'esquisser un sourire à chaque anecdote.

Il se rendit compte combien elle lui avait manqué. Il la retrouvait à chaque lecture de page.

« Il la regarda, sourire au coin des lèvres, et lui demanda si elle était plus qu'amoureuse de lui.

Car pour Lola être amoureuse et aimer étaient deux choses différentes.

Croyant qu'il lui ouvrirait peut être son cœur, elle resta vague sur la question.

C'est alors qu'elle vit sur son visage le sentiment de stupéfaction.

Elle ne voulait pas entendre son silence. Celui qui déchire le cœur plus que les mots, celui qui vous brise alors que la bouche de l'autre reste close.

Elle avait rêvé d'un je t'aime, elle savait que ce serait sûrement le plus beau du monde, et pourtant en voyant dans ses yeux qu'il ne le prononcerait pas, elle voulut s'enfuir, se cacher, mourir dans un coin pour ne pas avoir à affronter cette réalité.

Elle avait voulu cet homme plus que tout, non pas pour le posséder, mais parce qu'elle sentait au plus profond d'elle même qu'elle avait besoin de sa peau sous ses doigts, de sa force tranquille, de son épaule sur laquelle elle voulait se poser, de son sourire qui la désarmait et qui lui réchauffait le cœur.

Et elle lui en voulait, tellement, de ne pas ressentir la même chose qu'elle, elle n'avait jamais compris pourquoi les hommes avaient l'air de l'aimer, de la trouver belle et attachante, et puis semblaient toujours apeurés, et finalement la fuyaient.

Elle s'était souvent demandée si elle n'était pas trop, ou alors pas assez, si elle avait quelque chose qui n'allait pas, si elle était faite pour être seule, que son âme était entière (cf. : Socrate),et qu'elle n'avait pas quelqu'un qui soit fait pour compléter la sienne.

Pourtant la nature lui avait donné une grande sensibilité, un grand cœur qui lui faisait souvent défaut.

Souvent souillée, salie, trompée ou ignorée, elle avait cru trouver en Alexandre celui qui guérirait ses blessures. »

Chapitre 6

Il prenait conscience de combien elle avait souffert dans cette histoire, chaque fois qu'ils décidaient de se séparer, chaque fois qu'il lui disait qu'il n'était pas prêt à quitter sa copine.

« Elle avait tellement le blues. Le blues de lui. Elle avait du mal à trouver le sommeil, et quand elle y parvenait, elle se réveillait en sursaut, croyant que c'était un cauchemar. Mais la réalité était bien plus douloureuse, son absence était insoutenable. Son prénom était sur ses lèvres quand elle gémissait de douleur. L'amour c'est physique. L'absence de cet homme prenait encore plus de place que lorsqu'il était là. Elle essayait de ne pas y penser, parfois elle arrivait presque à ne plus ressentir ce poignard planté dans le cœur, elle parvenait à apprivoiser la douleur qui serrait son cœur, et puis…l'image de son visage lui revenait.
Et là, son mal être se libérait et se diffusait dans tout son corps.

Si elle aimait chaque partie de son être, chaque partie de son corps à elle était folle amoureuse de lui.
Même ses orteils en étaient dingues.
Elle rit un instant car elle savait qu'il trouvait ses pieds grecques très moches, et puis cet instant autrefois de bonheur lui rappela qu'elle l'avait perdue.
Elle regarda ses pieds et pleura de plus belle. »

Chapitre 7

Alex passa la nuit à lire et relire le roman.

Il revint sur certains morceaux de l'histoire, surtout les passages où elle se livrait, car il s'était rendu compte qu'il y avait certaines choses qu'il venait à peine de comprendre.
Il se rendit compte qu'il n'avait pas fermé l'œil un seul instant, et qu'il était déjà 7h , car un rayon de soleil fraya son chemin à travers les rideaux.

L'absence de sommeil avait laissé quelques traces, sa barbe était plus longue encore que la veille
et ses traits étaient tirés.

Il se fit un café, s'accouda à la table.
Il prit son portable entre ses mains.
2 appels en absence.
C'était sa femme.
Il ne se sentait pas la force de lui mentir, alors il décida de ne pas la
rappeler.
En une seule nuit, sa vie avait de nouveau basculé. Tout ce qu'il avait

construit
, son travail, sa vie parisienne, ses enfants et son mariage, plus rien d'autre n'avait la même importance. Il était abasourdi. Elle venait à nouveau de chambouler sa vie.
Il était obsédé par le fait que Lola ait pu dédier un livre à leur histoire, et qu'elle parle de lui avec tant d'éloges.
Il savait qu'elle l'avait aimé, mais il n'avait pas imaginé qu'elle eut été autant marquée.
Au point de le coucher sur papier.
Il prit sa tête entre ses mains, voulut tout à coup tout foutre en l'air.
Il lui en voulait de s'être volatilisée un beau jour, sans ne plus jamais donner signe de vie. Il se rappela que la veille de sa « disparition », ils s'étaient violemment disputés.
Ce qu'elle ne savait pas, c'est qu'il l'aimait, et que la veille de son départ il l'avait choisi.
Il l'avait choisi pour partager sa vie, il était prêt à tout quitter pour elle.
Il s'était rendu chez elle pour lui dire qu'il avait fait son choix, mais en arrivant devant sa porte, il la trouva

close. La voisine de palier lui dit que Lola avait tout déménagé en express pendant la soirée et qu'elle avait décidé de laisser les choses qui n'allaient pas derrière elle.

Il était resté pendant deux heures devant sa porte, l'imaginant remonter à son appartement en ayant oublié quelque chose, mais elle ne réapparut jamais.

Alors, rancunier, il se fit la promesse de ne pas la rechercher, de ne plus l'appeler, et de reprendre le cours de sa vie.

C'est ce qu'il fit durant dix ans jusqu'à aujourd'hui.

Jusqu'à ce roman.

L'écriture et l'édition de ce roman étaient certes une preuve que leur amour avait bel et bien existé, mais aussi un moyen qu'avait Lola de lui demander pardon. Il en était sûr.

Chapitre 8

Il était pris dans ses pensées quand il vit, posé à coté du sac de librairie, un coupon en carton.
Intrigué, il s'avança vers le meuble de l'entrée pour voir de quoi il s'agissait.
Il n'en crut pas ses yeux; c'était un flyer pour une séance de dédicaces, où Lola devait dédicacer son premier roman.
Il regarda le calendrier:c'était bien aujourd'hui!
La question d'y aller ou non ne se posa même pas : il fallait qu'il la voit.

Chapitre 9

Après une douche, un repas en vitesse, il était prêt.
Il sauta dans le premier métro direction la ligne 1.
Il était tellement obsédé et impatient de l'apercevoir qu'il ne prévint même son travail
de son absence.
Il descendit du métro et arpenta les rues.
Son cœur battait de plus en fort.
C'est comme s'il ressuscitait, il se rendit compte qu'il n'avait pas battu si fort
depuis bien longtemps.
La file d'attente était déjà à l'angle de la rue.
Il se fondit dans la masse et vérifia que son roman était bien dans sa poche.
c'était stupide, il pensait pouvoir utiliser cet argument pour amorcer la conversation.
La file avançait peu à peu, il arrivait à voir le stand de Lola installé au fond de la librairie,
mais elle, impossible de l'apercevoir.
Il fut tout à coup pris de vertiges : était

ce vraiment une bonne idée?
Alors qu'il hésitait presque à laisser sa place, il fut attirer par quelque chose.
Il LA vit enfin.
Ou plutôt de profil, sa longue chevelure dansait sur ses épaules, elle était en train d'adresser un grand sourire à un de ses lecteurs.
ELLE était là.
Lola, en revanche, ne l'avait pas remarqué.
Il avançait petit à petit, il ne restait maintenant que deux personnes devant lui, un gaillard bien bâti qui accompagnait sa copine et qui fort heureusement aidait Alex à se planquer.

Au bout de quelques minutes interminables d'attente, la jeune fille remercia Lola pour cette gentille attention et c'est alors que leurs regards se croisèrent enfin.
10 années défilèrent dans leurs yeux.
Alex avait l'impression qu'il allait s'évanouir, mais pour rien au monde il n'aurait voulu être ailleurs qu'ici.

Lola écarquilla ses yeux, elle lâcha son

stylo et recula vers son dossier de chaise.

»A...Alex?Je...Oula, je ne sais pas quoi dire.
Euh...je vais faire une petite pause je crois.
C......Est ce que c'est bien moi que tu viens voir?

-Ne sois pas stupide Lola, répondit Alex, ne laissant rien transparaître de son angoisse.

- Il y a un café juste en face, tu m'y attends? J'arrive dans 5 minutes.

- D'accord.

Alex fit demi-tourr et rejoint le café qui se tenait en face de la librairie.
Il se plaça contre la vitre, il voulait voir Lola traverser.

Il commanda deux chocolats chauds, espérant qu'après toutes ces années c'était toujours sa boisson chaude préférée.

Chapitre 10

Au bout de quelques minutes, elle apparut sur le palier de la librairie.
Elle portait un cardigan beige, des bottes marrons.
A cet instant il se dit qu'il était fou amoureux d'elle.
Elle rentra dans le café et quand elle le vit, un immense sourire se dessina sur son visage.
Elle aurait voulu jouer la femme hautaine, froide, mais l'idée qu'il puisse avoir fait la démarche de venir la voir, d'avoir certainement lu son livre pour comprendre que c'est de lui qu'elle parlait, la rendait si heureuse.
Elle avait le sentiment d'un rêve accompli.

Elle s'assit, ils se contemplèrent pendant un long moment.

Elle retrouva sa fossette gauche qui se creusait quand il était gêné, lui retrouva son petit nez retroussé.

Ils étaient bien comme ça, ils n'avaient besoin de rien d'autre au monde.

Au bout d'un moment, elle lui dit :

« Quelque part en écrivant ce livre, je me suis dit que tu reviendrais. Et finalement, je ne sais pas de quoi sera faite la suite en sortant de ce café mais si ça ne tenait qu'à moi ,je voudrais arrêter le temps ici. Pour que tu ne puisses plus m'échapper, pour que plus jamais je ne revive le fait de t'avoir perdu. Est ce que ces 10 ans séparés ont servi à quelque chose?Ont ils servi à nous réunir ou à nous faire oublier tous nos beaux souvenirs?

- Je crois Lola, dit Alex, que tu as la réponse.

Dix années n'ont pas suffit à effacer les souvenirs de ta mémoire puisque tu en as fait un livre.

Et ces dix années n ont pas servi non plus à ce que je t'oublie puisque je suis là aujourd'hui.

La réponse est ici, savoure là, elle est ce qu'on appelle une évidence. »

Il prit sa main dans la sienne, pour ne plus jamais la lâcher.

FIN

© 2015, Carlo Lisa
Edition : BoD - Books on Demand, 12/14 rond-point des Champs Elysées, 75008 Paris
Impression : BoD - Books on Demand GmbH, Norderstedt, Allemagne
ISBN : 9782322014477
Dépôt légal : Février 2015